RAPPORT

à M. le Président et à MM. les Membres
de la Commission administrative des Hospices Civils

DE LILLE

SUR

L'ÉPIDÉMIE DE VARIOLE
DE 1891-1892

(Ambulance des Contagieux de la rue Racine)

Par le Dr F. COMBEMALE

PROFESSEUR AGRÉGÉ

A LA FACULTÉ DE MÉDECINE DE LILLE

RAPPORT

à M. le Président et à MM. les Membres de la Commission administrative

des Hospices Civils de Lille

SUR

L'ÉPIDÉMIE DE VARIOLE

DE 1891-1892

(Ambulance des Contagieux de la rue Racine)

Par le Docteur F. COMBEMALE

PROFESSEUR AGRÉGÉ A LA FACULTÉ DE MÉDECINE DE LILLE

LILLE
Imprimerie E. DUGARDIN & Cie, rue Nationale, 51
—
1893

*A Monsieur le Président et à Messieurs les Membres
de la Commission administrative des Hospices de Lille.*

MESSIEURS,

Le 21 décembre 1891 vous ouvriez, dans le groupe scolaire récemment bâti de la rue Racine mis à votre disposition par l'Administration municipale de Lille, une ambulance sur laquelle devaient être dirigés, pour y recevoir les soins médicaux, les malades atteints de la variole. Conformément à vos instructions, pendant l'épidémie qui a sévi dans Lille durant l'année 1891-1892, c'est-à-dire pendant plus de neuf mois, cette ambulance a reçu des varioleux gravement ou légèrement atteints.

Du 21 décembre 1891 jusqu'au 24 septembre 1892, époque à laquelle il a été fermé, ce service médical d'isolement, une nouveauté pour Lille, a eu un fonctionnement spécial, qui ne peut qu'intéresser l'administrateur et le médecin : les conditions diverses dans lesquelles se déclare la variole, le mode de contagion en particulier, sont certes faits pour attirer l'attention de l'hygiéniste, dont est doublé de nos jours tout administrateur des hospices ; mais l'évolution de la maladie, la difficulté de son diagnostic à la période d'invasion, les particularités de l'éruption, la bénignité des prodromes, la malignité de certaines formes, la gravité de certaines complications, l'importance de certains états antérieurs pour le pronostic de la maladie et de la convalescence, enfin les ressources de la thérapeutique pour amoindrir la hideur de cette infection et diminuer le séjour du malade dans les salles, sont tout autant de documents dans lesquels l'administrateur autant que le médecin doit puiser pour prévenir l'apparition de l'épidémie, prévoir sa durée, et aussi pour préparer les moyens de la combattre et amoindrir les chances de sa gravité générale. C'est dans ce but, que l'avenir profite des enseignements du passé, que j'ai consigné dans ce rapport tout ce qui m'a paru digne d'être relevé, c'est aussi pour cette raison qu'à côté des faits intéressant l'administration seule, vous trouverez, Messieurs, des faits médicaux multiples sur lesquels, à l'occasion, j'appellerai spécialement votre attention pour vous signaler ce qui peut en découler d'utile.

* *

C'est d'une manière effective pendant plus de six mois que j'ai gardé, chargé par le conseil de la Faculté de médecine de Lille de ce service, la direction de l'ambulance des contagieux. Du 4 janvier au 20 juillet 1892 en effet, j'ai quotidiennement donné aux varioleux les soins que réclamaient leur état; mais, avant moi M. le professeur Debierre, après le 20 juillet le docteur Brunelle, chef de clinique à la faculté, ont aussi apporté le concours de leur dévoûment; et je ne puis omettre de vous rappeler que le premier a tenté l'organisation de cette ambulance où tout était à créer, et que le dernier a eu le mérite d'accepter la tâche ingrate de soigner les dernières victimes de l'épidémie qui finissait.

Le premier de tous du reste, un étudiant en médecine de troisième année, M. Marivint, s'est offert pour les fonctions d'interne à l'ambulance; du 21 décembre au 1er août, bien qu'il fût en cours d'études et sollicité par le soin de ses examens, ce distingué jeune homme n'a pas un seul jour manqué à son poste, et je ne crains pas d'avancer que si les malades de l'ambulance, malgré l'encombrement de certains jours et l'insuffisance du personnel inférieur, ont reçu tous les soins qu'ils attendaient de nous, c'est au dévoûment de cet interne, à son aide intelligente et spontanée, que cet acte d'humanité a pu être accompli. Je n'ai eu également qu'à me féliciter du concours de la religieuse, sœur Marie-Jérôme, qu'une distinction honorifique bien méritée est venue ces derniers temps récompenser de ses longs services. Que j'appelle enfin votre attention aussi, Messieurs, d'abord sur les internes en pharmacie, MM. Lecru et Delaporte, qui, pour faciliter le service pharmaceutique, venaient *alternis diebus*, une fois leur service à l'hôpital Saint-Sauveur terminé, s'occuper de l'ambulance; ensuite l'économe, M. Elleboode qui a si obligeamment servi d'intermédiaire, dans certaines circonstances, entre vous et moi.

Admirablement secondé par ce personnel, peu nombreux mais animé du meilleur esprit et capable de tous les dévoûments, j'ai pu, une fois les tâtonnements du début dépassés et les installations capitales terminées, faire tête à la foule toujours croissante des malades arrivants.

La variole sévissait, en effet, dans Lille, depuis plus d'un an, mais l'épidémie affectait une marche traînante; les hôpitaux de Saint-Sauveur et de la Charité avaient bien, depuis plusieurs mois, d'une façon permanente, de un à cinq ou six lits occupés par des varioleux, mais il semblait que ce fût là tout l'effort de l'endémo-épidémie, au moins autant qu'on en pouvait juger par les entrées dans les hôpitaux.

Mais, dès les premiers jours de l'ouverture de l'ambulance pour les contagieux, il y eut une recrudescence manifeste : le 20 décembre, un varioleux avait été transporté à l'ambulance, évacué de l'hôpital Sainte-Eugénie ; un peu moins d'un mois après, le 19 janvier, le chiffre maximum était atteint : 47 malades occupaient une couchette et nous ne disposions en tout cependant que de 36 grands lits ; des berceaux pour enfants avaient été utilisés, des paillasses avaient été à la hâte jetées au milieu des trois salles qui composaient l'ambulance, au premier étage.

A dater d'alors, il y eut dans l'épidémie quelques points culminants : du 20 au 28 février, du 21 au 28 mars, vers le 25 avril, vers le 20 mai en particulier ; puis les entrées s'espacèrent, et aux premiers jours de juillet nous n'avions plus que 7 malades, en convalescence pour la plupart ; quelques légères poussées survinrent ensuite, mais l'épidémie s'éteignait manifestement. Il ne vous fut cependant possible, Messieurs, d'ordonner la fermeture du local que le 24 septembre.

Les graphiques 1, 2 et 3, que j'ai joints à ce rapport, le tracé 1 donnant le nombre quotidien des varioleux présents à l'ambulance, le tracé 2 le chiffre quotidien des entrées, le tracé 3 celui des sorties par décès ou par guérison, vous indiqueront, mieux qu'une description minutieuse, la marche de l'épidémie dans les milieux qui alimentent d'ordinaire les hôpitaux de Lille.

Au total, c'est 338 malades qui sont entrés à l'ambulance pour y être traités de la variole ; ces 338 varioleux se décomposent en 124 hommes, 125 femmes, 89 enfants au-dessous de 12 ans.

C'est l'agglomération lilloise qui, à peu près exclusivement, a fourni ces 338 cas de variole soignés à l'ambulance ; nous n'avons relevé d'étrangers à Lille, sur les registres d'entrée, que quatre malades, dont trois qualifiés passagers et un quatrième sans domicile. Néanmoins, à rechercher avec soin le lieu d'origine de l'infection, nous trouverions que la banlieue a envoyé à l'ambulance un ou plusieurs varioleux : tels Loos, Lomme, Petit-Ronchin, la Madeleine, Saint-Maurice ; mais c'est le petit nombre, on le voit. Ce sont surtout dans Lille les quartiers Saint-Sauveur et Wazemmes, dont la population est si dense et l'hygiène si primitive, qui ont fourni aliment à l'épidémie. Ces quartiers ont été les grands foyers, et il est certaines rues, comme la rue Malpart, celle des Étaques ou des Robleds dans le premier, les rues de Juliers et d'Iéna dans le second, dont le nom revenait très souvent sur les feuilles d'entrée des varioleux.

Mais nous avons relevé aussi un certain nombre de foyers secondaires qui, à un moment donné, ont menacé de s'étendre. La maison d'arrêt, par exemple, nous a, pendant les trois premiers mois, envoyé 10 prévenus ou condamnés, et tous, à l'exception d'un seul, paraissaient être des cas intérieurs ; il fallait donc craindre une généralisation de la variole dans cet établissement pénitentiaire. Les mêmes craintes se sont présentées pour l'hospice Gantois, d'où provenaient deux femmes varioleuses. Mais la revaccination de tout le personnel et de tous les pensionnaires de l'un et l'autre de ces établissements, dès le premier cas constaté, ont heureusement fait avorter ces menaces de généralisation. C'est donc de Lille que provenaient, en majeure partie, les cas soignés à l'ambulance.

J'aurais dû joindre, Messieurs, à ce rapport un plan de Lille, où j'aurais noté avec des signes conventionnels les rues d'où provenaient les varioleux qui étaient dirigés rue Racine ; l'épidémie n'aurait pas été, pour cela, décrite dans son entier.

S'il entrait dans mes desseins, en effet, d'étudier l'épidémie dans toute son extension, il conviendrait d'inscrire, rien que pour Lille, ce chiffre de 338 cas comme représentant à peine le quart des individus qui ont été atteints de la variole durant la période de temps que l'ambulance est restée ouverte ; de renseignements personnels, de conversations avec les praticiens lillois il appert en effet pour moi, que de fin décembre 1891 à août 1892, près de quinze cents personnes ont été dans Lille frappées par la maladie. Je ne veux pas non plus m'occuper des cas de variole qui ont été signalés par les journaux quotidiens, isolés ou assez nombreux pour constituer une véritable épidémie, dans les communes, petites ou grandes, avoisinant Lille ou dépendant du département du Nord et même de la région du Nord ; je sortirais trop de mon sujet, et les matériaux me manqueraient du reste pour mener ce travail à bien. Il reste néanmoins acquis pour moi, que ce que j'ai observé à Lille se manifestait en même temps sur une grande étendue du territoire de la région du nord de la France, et ce rapport ne peut pas avoir d'autre prétention que d'être une contribution à l'étude de l'épidémie de variole de 1891-1892 dans cette région.

De ces 338 cas on doit défalquer 19 malades, dont 7 hommes, 4 femmes, 8 enfants, que l'on avait indûment dirigés sur l'ambulance, quoique non atteints de variole ; l'influenza sévissait en effet à Lille, en même temps que la variole, au début du fonctionnement de l'ambulance, et comme les symptômes de début de cette affection simulent assez bien ceux de la variole, un certain nombre d'influenzés avaient été considérés comme des varioleux ; dès que le diagnostic fut pour nous certain, nous les renvoyâmes après avoir pris les précautions de désinfection que nous détaillerons plus loin. C'est donc, toutes exceptions faites, 319 varioleux que nous avons soignés.

L'étude d'une épidémie comprend toutes les notions qui peuvent projeter une lumière, si faible soit-elle, sur son étiologie, c'est-à-dire sur les conditions qui lui ont donné naissance ; aussi croyons-nous devoir, au risque de n'en pas tirer de conclusions bien intéressantes, indiquer la nationalité, le sexe, l'âge, etc., de nos varioleux.

Parmi les 319 varioleux, on comptait 60 Belges (dont 25 hommes, 25 femmes, 10 enfants) 2 Allemands, 1 Alsacien, 2 Hollandais, 1 Roumain. Le chiffre de 60 Belges frappera, quoi que l'on sache de la proportion de ces étrangers sur celle de nos nationaux dans le département du Nord, car il souligne, surtout pour cette partie de la population du quartier de Wazemmes réfractaire, comme on sait, à l'hospitalisation, l'intensité de la contagion et indique la nécessité de mesures administratives à prendre pour empêcher qu'ils ne soient le véhicule permanent du contage. Ce sont en effet, à notre avis, les réfugiés et déserteurs belges qui pullulent dans ce quartier qui ont sinon apporté, du moins propagé le virus en lui offrant un aliment constant par leur état de non vaccination ou de revaccination, et en ne se décidant que rarement, et seulement dans les circonstances graves, à entrer à l'hôpital.

Nous croyons devoir insister aussi sur l'âge des malades. Parmi les 117 hommes, il est à remarquer d'abord qu'il se trouve deux vieillards de 60 et de 68 ans, et que ces deux vieillards sont morts dans le cours de leur variole ; cela ne suffit-il pas pour démontrer que la vieillesse n'est pas à l'abri de la variole et aussi pour détruire cette opinion, malheureusement trop répandue, même parmi les médecins, que passé un certain âge il convient de ne plus revacciner ; si nous ajoutons que, sur 121 femmes, 18 avaient dépassé la ménopause et se trouvaient dans le cas d'être dénommées femmes vieilles, sinon vieilles femmes (l'une avait cependant 75 ans), on conviendra avec nous, en tenant compte des tables bien connues de survie à tous âges, que les vieillards ont été frappés dans de fortes proportions, puisqu'il y a eu 1 vieillard sur 16 malades environ.

Il est non moins remarquable que sur 117 hommes 84, c'est-à-dire près des deux tiers, et sur 125 femmes 76, c'est-à-dire plus des trois-cinquièmes, n'avaient pas atteint l'âge de 25 ans, n'étaient pas adultes au vrai sens du mot. Ces chiffres n'ont-ils pas, en faveur de la nécessité de la revaccination, une éloquence telle que tout commentaire en affaiblirait la portée ?

Ces renseignements statistiques sur les causes secondes ne doivent pas faire perdre de vue les observations relevées sur la contagion elle-même, le mode de contagion en particulier ; aussi je crois utile d'exposer quelques uns des faits les plus saillants que j'ai pu recueillir sur cette intéressante question.

C'est surtout chez les 81 varioleux âgés de moins de douze ans que le rôle de la contagion a été très net. De nombreux bébés, âgés de quinze jours, de un, deux et trois mois, ont été apportés à l'ambulance avec leurs mères, quelquefois même seuls. Vaccinés ou non, ils avaient la variole, et toujours une variole grave ; c'est dire que si on avait pris pour eux la précaution de les prémunir, généralement on ne l'avait pas fait assez tôt, et ils succombaient, quoique vaccinés, le germe de la variole ayant évolué avant que la préservation vaccinale eût été obtenue. Ils avaient, et c'est ici surtout que se trouve l'intérêt de ces faits, ils avaient été infectés par leur entourage ; la mère en effet n'avait pas toujours eu la variole en même temps que son bébé, c'étaient parfois ses frères ou sœurs qui l'avaient contagionné ; il est arrivé, par exemple, qu'une famille entière de quatre enfants est entrée le même jour aux divers stades de la variole : l'un d'eux était en pleine dessication, alors que les autres en étaient à la période d'éruption ; nous avons aussi vu passer à l'ambulance les six enfants d'une même famille, les derniers se présentant pour être reçus lorsque les premiers atteints étaient sur le point de sortir. Il se dégage un enseignement de ces faits : vacciner à tout âge, dès la naissance, comme cela se pratique dans les hôpitaux et la plupart des maternités, semble donc la mesure à prendre, à imposer en tout temps, en temps d'épidémie comme lorsque rien de semblable ne menace.

Les faits de contagion ont donc été surtout évidents chez les enfants ; néanmoins, chez un certain nombre de mes malades, hommes ou femmes, dans le 1/10e des cas environ, j'ai recueilli l'aveu ou la preuve de la contagion ; sans les citer tous, il est certains exemples que j'estime assez typiques pour être rapportés :

Parmi les cas simples se trouvent, au nombre de huit, ceux qui ont trait à des personnes ayant contracté la variole pour avoir gardé dans leur appartement leurs parents ou leurs enfants atteints : vivant avec le varioleux, respirant le même air, mangeant dans son voisinage, couchant même quelquefois avec lui, ils ne pouvaient faire moins que de se varioliser, plus ou moins gravement, suivant leur état de vaccination. Dans cette catégorie, je noterai toute une famille amenée le même jour et composée de la femme, du mari et d'un bébé, infectés par le beau-frère ; la femme a succombé ainsi que l'enfant. Je signalerai aussi une garde-malade qui passe quatre jours et deux nuits auprès d'un varioleux et qui, malgré l'immunité par laquelle elle se croyait couverte, réalise une variole.

Il est une autre catégorie de cas où la variole a frappé, dans une famille, tous les membres à la fois. Un jour, c'était le mari et la femme, deux chiffonniers qui étaient amenés à l'ambulance ; un autre jour, et cela à deux reprises, une mère et son enfant ; enfin deux frères se présentent pour être reçus à trois jours de distance, et un père suit ses deux enfants, entrés deux jours auparavant. Évidemment, dans tous ces cas, l'agent contagieux a été déposé à la même époque dans le milieu habité ou fréquenté par ces malades. Autant que dans la première catégorie, la contamination est ici palpable : le nombre des personnes infectées et la contemporanéité de l'infection fournissent un argument sans réplique et donnent de l'intérêt à ces faits.

Dans d'autres cas, j'ai acquis la conviction qu'il a suffi d'un contact, même passager. Un ouvrier rend un dimanche deux visites à un varioleux, et quinze jours après entre à l'ambulance avec une éruption datant de cinq jours ; un petit saute-ruisseau apporte un jour à l'ambulance des fournitures de bureau et n'a de contact qu'avec les infirmiers auxquels il s'adresse, il contracte la variole ; une jeune fille vient en cachette rendre visite à sa grand'mère, employée comme cuisinière à l'ambulance, et se garde bien de pénétrer dans les salles, elle n'échappe pas pour cela à la contagion ; les infirmiers de l'ambulance, malgré nos ordres, se rendent dans un estaminet voisin pour y prendre des forces, la fillette du patron y gagne une variole grave au cours de laquelle elle perd l'œil gauche.

Dans quelques cas, ce n'est pas le varioleux lui-même ou ceux qui l'approchent qui ont transmis le contage, mais bien le linge ou ses effets non désinfectés. C'est ainsi qu'une femme rentre à l'ambulance, en éruption, trois jours après que son frère en est sorti ; qu'une autre femme est admise quinze jours après sa sœur qui, à son entrée, avait une éruption qui pointait à peine. L'agent virulent avait vraisemblablement été déposé dans le linge et avait opéré, une fois le varioleux parti.

Je mentionnerai enfin, Messieurs, sans commentaires, mais en appelant votre attention sur ces faits les quelques cas qui sont venus des hôpitaux. Un tuberculeux, entré à l'hôpital Saint-Sauveur depuis dix-sept jours, arrive et meurt à l'ambulance quelques jours après de variole hémorrhagique ; un autre tuberculeux, hospitalisé depuis longtemps, a manifestement pris la variole dans le même service. A l'hôpital de Dunkerque, un passager malade de bronchite chronique s'est infecté au voisinage de varioleux soignés dans cet hôpital et est venu faire sa variole à Lille. A la Charité, on omet de vacciner, comme l'avait ordonné le chef de service, une malade à son entrée, et quelques jours après elle offrait une éruption variolique ; une seconde malade, en traitement depuis trois semaines, prend la variole dans le même service. Il en vient une aussi des salles affectées aux vénériens, qui séjournait depuis trois semaines au dépôt. Il est difficile de trouver dans tous ces cas le véhicule du germe infectieux, mais on ne peut se tromper en invoquant une importation directe par les gens de service ou par les étudiants qui fréquentent les salles.

Un dernier fait, curieux à plusieurs titres, c'est le cas éclos à la Maison de santé en août 1892 : le chat favori de la religieuse, qui assurait les soins de tous les instants aux varioleux de l'ambulance le jour, fréquentait assidûment la chambre d'une hystéro-alcoolisée, paralysée de ses jambes, et fut le véhicule de la contagion pour une variole confluente.

La conclusion à tirer de ces faits, au point de vue de l'isolement obligatoire d'un varioleux déclaré, est très nette et viendrait en appuyer la démonstration, si cela était encore nécessaire.

Ce qui est tout aussi important, mais ce dont on s'est moins occupé jusqu'ici, ce sont les conditions générales de l'extension de l'épidémie. Autant que j'ai pu le constater avec certitude, par l'étude des faits observés, je suis porté à croire que toutes les circonstances qui favorisent à la fois les excès, quelle qu'en soit la nature, et la réunion de personnes en un même point, ont influé sur la recrudescence de l'épidémie : c'est en effet peu après les fêtes du Carnaval, les réjouissances publiques du Mardi-Gras, de Pâques et du Broquelet, que la variole a marqué ses recrudescences, que les entrées se sont faites coup sur coup ; j'avais si souvent, dans d'autres services, fait cette constatation que je n'ai pas été étonné de ce fait. Sans médisance ni exagération, on peut attribuer cette cause à ces recrudescences : il est en effet bien plus vraisemblable de mettre en cause ces conditions, et en particulier le besoin d'orgies de toutes sortes, besoin peu élevé sans doute, mais bien en rapport avec les habitudes de la population qui fréquente les hôpitaux, que d'imputer ces recrudescences à des conditions météorologiques non négligeables je le veux bien, mais qui n'influent jamais sur une épidémie que par leur longue durée et leur continuité ; or, du fait de ces dernières, il n'en pouvait rien être, l'hiver 1891-1892 a été relativement doux, et le printemps non plus que l'été ne se sont montrés favorables à l'éclosion des épidémies.

Il ressortira donc pour vous, Messieurs, des faits ainsi que des statistiques que je vous soumets, la conviction : 1° que l'épidémie de variole, pour laquelle vous avez créé l'ambulance de la rue Racine, a eu une sérieuse importance, puisque vous avez hospitalisé 338 malades et que ce chiffre est loin de représenter la totalité des cas nés à Lille ; 2° que cette épidémie fait partie intégrante de l'épidémie, autrement considérable, qui a régné à la même époque dans toute la région du nord de la France ; 3° que, comme dans toutes les épidémies similaires, l'âge, le sexe n'ont pas créé l'immunité contre la maladie ; 4° que la contagion de personne à personne doit seule être incriminée, favorisée par des circonstances particulières, non météorologiques, mais inhérentes aux habitudes sociales ou personnelles.

*
* *

L'épidémie dont j'ai indiqué la marche, les causes a-t-elle présenté d'autre part certains caractères cliniques ou certaines particularités, dignes par leur importance de fixer l'attention? La mortalité en a-t-elle été telle qu'on doive la classer au nombre des épidémies graves? Doit-on craindre un retour offensif à bref délai? Ce sont tout autant de questions auxquelles je vous dois, Messieurs, de répondre en puisant dans les matériaux à ma disposition.

Il vous serait de peu d'intérêt, j'estime, de connaître quelles formes la maladie a plus particulièrement revêtue chez les 319 varioleux : comme dans toute épidémie, j'ai observé quantité de varioloïdes, de varioles discrètes ou simplement cohérentes; les varioles confluentes ont tenu aussi un bon rang, et je pourrais citer jusqu'à dix varioles hémorrhagiques qui ont été reçues à l'ambulance.

Au reste mon opinion, contraire à celle d'éminents observateurs, est faite à ce sujet; certainement les varioles à petit nombre d'éléments éruptifs sont d'un pronostic bénin, encore que la distribution de ces éléments ait son importance et que l'éruption laryngée puisse tuer en quelques heures par œdème de la glotte, ou que des accidents oculaires ou un retentissement méningé puissent se produire, ainsi que je l'ai observé. Mais pour ce qui est des varioles confluentes, fatales pour beaucoup de médecins, je conteste à l'heure actuelle cette sévérité du pronostic; et pour les varioles hémorrhagiques, la variole noire, j'explique la mortalité qui réellement les accompagne d'une autre façon que par l'intensité du virus. Dans les varioles confluentes en effet, ce qui fait la gravité c'est la purulence, nécessaire croyait-on autrefois, qui épuise le malade et finalement le conduit à la mort; or, cette transformation purulente des pustules varioleuses ne se produit plus que rarement, et très souvent chez des malades à visage boursouflé par une éruption confluente, j'ai réussi à l'empêcher, j'expliquerai plus loin comment. Quant aux formes hémorrhagiques, elles sont toujours la manifestation d'un état de dénutrition antérieur ; que ce soit l'alcoolisme, une maladie chronique telle que la tuberculose pulmonaire ou la misère physiologique qui aient créé cet état, l'organisme en détresse le marque par cette exhalation sous-cutanée de sang, par un cercle vicieux qui contribue à l'affaiblir encore davantage ; c'est de cet état antérieur que découle la gravité de ces formes auxquelles l'on donne si facilement le nom de variole noire, nom qui a servi à caractériser si faussement nombre d'épidémies de variole. Pour me résumer, à propos de la variole comme de toute autre maladie infectieuse, on peut dire que le virus, introduit en quantité et en état d'activité suffisants, *propose* l'état infectieux, mais que l'organisme dans lequel il est tombé *dispose* de la forme que revêtira cet état infectieux.

Si pendant l'année terrible de 1870-1871, dans cette même ville de Lille, la variole noire a sévi avec tant d'intensité, c'est que le surmenage physique, les préoccupations morales avaient appauvri la résistance générale et particulière et préparé le terrain à cette forme grave des épidémies de variole. Mais, pendant l'année 1891-1892, rien de semblable ne préexistait; il y avait bien la fatigue corporelle et les habitudes alcooliques des ouvriers et ouvrières qui ont fait la variole noire, mais la généralisation de cette forme ne pouvait pas se produire, et elle ne s'est pas produite. L'épidémie pour laquelle vous avez ouvert une ambulance, Messieurs, n'a donc pas de caractéristique; c'est une épidémie de variole simple, sans épithète. J'ajouterai que c'est une épidémie qui devait se produire, les bons effets de la vaccination et surtout la revaccination n'étant pas à mon avis suffisamment prisés ou reconnus dans la région. Mais n'anticipons pas.

Il ne s'ensuit pas, si l'épidémie n'a pas de caractère clinique général, qu'elle n'ait pas présenté quelques caractères particuliers : j'ai tâché déjà, sans toutefois démasquer le lien qui les rattache, de plaider cette cause dans plusieurs communications faites à la Société centrale de médecine du département du Nord. Mais, j'ai hâte de le dire, si quelques-uns de ces caractères sont dépendants de ces circonstances extérieures ou générales qui donnent à une épidémie sa physionomie propre, la plupart sont dûs à la spontanéité physiologique ou morbide de chaque malade, et ils ne prouvent rien pour caractériser l'épidémie.

Parmi ces caractères secondaires, il faut noter d'abord l'angine : chez vingt-neuf malades adultes nous avons expressément noté une angine suffisamment accentuée pour qu'elle comptât au nombre des symptômes contre lesquels une médication active devait être instituée; rougeur de la gorge, cuisson intolérable, puis œdème et enfin éruption miliaire de vésicules varioliques sur les amygdales, le voile du palais et le pharynx, tel était le tableau habituel; parfois des abcès ou bien des accès de suffocation venaient compliquer l'évolution, naturelle d'autre part, de la maladie; cette fréquence de la localisation de l'éruption à l'entrée des voies respiratoires et digestives s'explique peut-être par la concomitance de ces affections aux mois d'hiver où elle s'est plus spécialement montrée; elle pourrait aussi trouver sa raison d'être dans l'atmosphère irritante dans laquelle vivaient auparavant les malades, presque tous ouvriers de filature; mais je n'ai pas suffisamment approfondi la question pour préférer cette dernière explication à la première, bien plus généralement répandue.

C'est ensuite, se rattachant à l'angine mais s'étant toujours montrée sous forme de complication post-éruptive, la broncho-pneumonie; les enfants ont surtout été frappés, car sur onze cas six sont survenus chez les petits varioleux; presque toujours mortels, ces accidents pulmonaires sont attribuables à mon avis à cette condition météorologique sans laquelle ne va guère une broncho-pneumonie, le froid, et aussi au peu de résistance que présente le petit être au germe pneumonique surajouté à sa variole, qu'il porte ce germe dans sa salive ou qu'il l'ait trouvé dans le milieu nosocomial.

Bien qu'ayant un caractère négatif, il me faut insister sur ce fait que les auteurs ont dédaigné de mentionner, la douleur lombaire, dont j'ai dans nombre de cas constaté l'absence; faisant d'ordinaire partie intégrante des prodromes de la variole, il me paraissait étonnant qu'on ne le rencontrât pas d'une façon constante; je crois avoir accumulé assez de preuves pour démontrer (1) que la rachialgie était en rapport avec l'activité sexuelle; il ne faut donc pas en faire bénéficier autrement l'épidémie au cours de laquelle son absence était fréquemment observée.

Je dois aussi dans le même ordre d'idées indiquer qu'au début du fonctionnement de l'ambulance, un certain nombre de malades m'ont été adressés avec le diagnostic variole, alors qu'une observation attentive démontrait au bout de quelques jours qu'il s'était agi d'influenza, et d'autre part que la variole à ses débuts avait pris le masque de l'influenza au point que certains praticiens de Lille s'y étaient laissés tromper. L'explication de ces hésitations réside dans la concomitance des deux maladies, qui frappaient à ce moment à coups redoublés. Ces erreurs de diagnostic étaient de ce fait excusables, si pour la sécurité publique elles étaient préjudiciables. Il s'est présenté, en effet, à mon observation, deux cas dans lesquels les analogies entre la variole et la grippe étaient telles que l'hésitation était permise et que l'on pouvait croire à une anomalie de l'éruption : un homme, porteur d'un rash purpurique extrêmement intense, fut admis comme varioleux par mon interne, guidé dans sa décision par le fait que les rash étaient à ce moment fréquents au début de la variole; un enfant se présentant dans les mêmes conditions fut également reçu, sur le vu du certificat d'entrée qui portait noté que l'une de ses sœurs était convalescente de variole; après deux et trois jours d'observation, nous dûmes rectifier ce premier diagnostic; ni l'homme ni l'enfant n'étaient varioleux. A propos des diagnostics erronés possibles, je

---

(1) COMBEMALE. — La rachialgie dans la variole, ses rapports avec la vie sexuelle, *Bul. méd. du Nord*, 1892, p. 598.

signalerai encore les suivants : deux cas d'ecthyma généralisé, adressés comme atteints de variole, par contre un cas de variole pris pour une fièvre typhoïde pendant plusieurs jours.

Au nombre des symptômes qui se sont présentés avec une fréquence ou une intensité inusitées, le rash mérite d'être cité dans la relation médicale de cette épidémie : le plus souvent généralisé à tout le corps, quelquefois localisé aux avant-bras ou à la poitrine, il a revêtu, comme dans toutes les épidémies, tantôt la forme hyperémique (19 fois), tantôt la forme hémorrhagique (2 fois seulement); je noterai même, sans y insister, car je compte défendre ailleurs l'opinion qui en découle, qu'au moins chez deux malades le rash a été toute la variole ; il n'y a pas eu d'autre éruption, et vainement j'ai cherché une papule dans les cheveux ou dans les plis interdigitaux : effet du traitement ou anomalie de l'éruption, le fait est là, et je ne le commente pas pour l'instant.

La localisation de l'éruption m'a montré certaines particularités dignes d'attirer l'attention du clinicien : d'abord, chez une femme de 70 ans et chez un jeune homme de 20 ans, l'éruption, contrairement à la description classique qui veut que toujours elle soit plus accusée au visage, s'est montrée beaucoup plus abondante sur les bras et la poitrine qu'à la face. Puis, par deux fois la forme en bouquets, en corymbes signalée comme rare, s'est aussi présentée, siégeant sur les membres, au niveau des grandes articulations, alors qu'à la face à peine quelques papules étaient écloses. Chez une femme enfin de vingt-quatre ans, l'éruption, peu intense du reste, avait la même abondance et marchait du même pas pour son évolution à la face et aux membres.

Ces anomalies de l'éruption, quelque intéressantes qu'elles paraissent, le sont encore moins que celles qu'il me reste à citer ; certaines d'entre elles ont été rapportées par d'autres observateurs, mais d'autres auront la saveur de la nouveauté. Parmi les premières je relèverai, sans y insister : quatre cas de servantes ou lessiveuses qui ont présenté, au niveau des mains et des avant-bras, une confluence remarquable; cinq cas de varioleuses présentant au-dessus du genou, quelquefois des deux côtés, toujours là où la malade avait l'habitude de fixer sa jarretière, une ligne semi-circulaire d'éléments éruptifs; deux nourrices qui présentaient une auréole de pustules à chaque sein, surtout à celui auquel l'enfant était de préférence présenté ; deux femmes qui, portant des bottines mal lacées, avaient au cou-de-pied, un peu au-dessus de la cheville, une éruption en placard très large ; je signalerai aussi une servante et un ouvrier agricole, qui se mettant à genoux pour frotter ou travailler à la batteuse, avaient des plaques éruptives très accentuées en ce point; la confluence de l'éruption, due à un badigeonnage à la teinture d'iode ou à une application d'eau sédative, je l'ai rencontrée aussi : la première sur la région précordiale d'une vieille cardiaque qui avait cru faire cesser ainsi les palpitations qui avaient annoncé chez elle l'invasion de la variole, la seconde sur une fillette dont on avait traité ainsi la céphalée prodromique de son infection. Mais ce sont là, je le répète, des anomalies de localisation qui sont fréquentes et qu'on trouve consignées dans la plupart des rapports sur les épidémies de variole.

Je crois en avoir observé de bien plus curieux et plus intéressants au point de vue de la raison de ces localisations. Une irritation du tégument, aiguë ou chronique, semble être nécessaire pour que l'éruption se localise en masse en certains points; cela est vrai, et les exemples suivants contribueront à le démontrer : un prestidigitateur portait une redingote le gênant fortement aux entournures, son éruption occupait toute la région de l'aisselle et de l'épaule droites; un serrurier, maniant la lime du côté droit, portait sur la main, l'avant-bras et l'aile du nez de ce côté, de nombreuses papules confluentes là où les éclats de fer le frappaient plus facilement, de son aveu; un galeux, porteur de sillons et de lésions de grattage dues à la présence déjà ancienne de l'acare, présente au niveau du troisième métatarsien droit et sur la face externe de la cuisse droite des traînées de vésicules varioliques qui ont évolué normalement; un enfant porte, à la face interne de la jambe droite une cicatrice récente, une auréole de vésicules entoure ce point; un autre enfant présente à la face externe de chaque avant-bras une plaque où les vésicules atteignent la cohérence, la doublure grossière et mal rabattue de son tablier avait irrité la peau; un troisième enfant avait aux fesses de petites ulcérations dues au décubitus prolongé dans sa literie gâtée, l'éruption fut plus particulièrement abondante en ces points.

Mais une blessure, avec ou sans solution de continuité du tégument, peut appeler la localisation : une femme se donne une entorse à la cheville l'avant-veille de l'éruption, elle présente de la confluence à la face interne de la jambe et au-dessous de la malléole, alors que partout ailleurs la variole est simplement cohérente; un homme se brûle avec de l'eau chaude aux orteils, de trois à quatre jours avant les prodromes : autour de ce point se fait, en plusieurs poussées, une zone éruptive de deux à trois centimètres; de même, un enfant, brûlé récemment à la face externe du pied droit, offre une localisation d'éléments éruptifs plus considérable en ce point.

Une diminution de vitalité d'une région peut amener une éruption cutanée en ce point : une femme porteuse de grosses varices aux jambes a des plaques de confluence à la partie inféro-postérieure de la jambe à gauche, du talon à moitié hauteur du mollet à droite; un garçon brasseur a reçu il y a quelques mois un tonneau tout le long de la crête du tibia, en ce point après l'éruption il s'est formé une nappe purulente; une femme enfin se fait extraire une dent, d'un abcès dentaire profond part l'éruption variolique, qui fleurit surtout sur la joue qui recouvre l'abcès.

Tous ces faits sont curieux, dignes d'attention, utiles à connaître; mais ne caractérisent pas, plus que l'angine ou la broncho-pnemonie, l'épidémie de variole dont j'expose quelques cas cliniques intéressants.

Pour avoir terminé l'exposé de ce qui mérite d'être noté, je n'aurai qu'à citer : trois cas d'anasarque, sans albumine dans les urines, survenus pendant la convalescence, ce qui est l'habitude; trois cas d'ophthalmie sévères, dont deux avec fonte purulente de l'œil (le troisième ainsi que de nombreuses conjonctivites ayant été enrayées par les attouchements au crayon de nitrate d'argent ou l'emploi de collyres antiseptiques); une otite purulente avec perte de l'ouïe; un œdème laryngé qui emporta le malade en quelques heures; un érysipèle survenu sur le tronc pendant la période de dessication.

Je ne puis passer sous silence les troubles nerveux ou mentaux observés pendant l'éruption ou pendant la suppuration : si les malades étaient des nerveux (choréique, épileptique, bègue par exemple) avant la variole, celle-ci n'influençait en aucune façon ces manifestations, et l'aphorisme hippocratique *febris spasmos solvit* s'est trouvé de ce fait maintes fois en défaut.

La variole a, par contre, fait naître des troubles nerveux ou mentaux latents. Chez vingt-sept varioleux, j'ai noté un délire suffisamment violent et apparent pour qu'il ait nécessité des moyens de contention; quant au subdelirium je n'ai pas cru devoir le mentionner expressément dans mes notes. Sur ces vingt-sept cas, l'alcoolisme antérieur était dix fois avoué ou avéré malgré les dénégations : une seule femme, servante de cabaret, rentrant dans ce groupe; chez dix autres varioleux, la dégénérescence psychique était manifeste et la variole était pour six d'entr'eux une occasion suffisante pour faire éclore le délire, tandis que chez les quatre autres la variole, de concert avec la puberté, amenait ce même résultat; les sept autres délirants étaient sept femmes, dont deux déjà déséquilibrées et déraisonnantes avant leur variole, trois subitement anémiées par métrorrhagie ou avortement, et deux autres en état de dénutrition flagrante par allaitement ou par misère. Je ne décrirai pas le délire de ces vingt-sept cas : nocturne, professionnel, surtout hallucinatoire pour les alcooliques, il était de tous les instants, bruyant, mais sans danger pour les personnes chez les autres; les actes commis pendant ces accès délirants ont surtout été des promenades dans les salles, l'escalade de fenêtres, le bris de quelques vitres, la visite au lit et aux fioles à médicaments des autres varioleux, tous faits sans grande importance on le voit.

Consécutivement à la variole, j'ai vu persister quelques troubles nerveux ; en particulier chez une jeune fleuriste dont la variole à forme hyperpyrétique s'était pendant cinq jours accompagnée de délire nocturne ; lorsqu'elle retrouva sa connaissance, elle présentait dans la parole un nasonnement et une accentuation particulière des labiales et des dentales qui lui donnaient, à s'y méprendre, le parler alsacien ; deux et trois mois après ces troubles existaient encore, bien qu'atténués. Ces mêmes altérations je les ai recherchées et trouvées chez plusieurs autres varioleux gravement atteints, et j'ai consigné mes remarques sur ce sujet dans un mémoire (1) intitulé *Contribution à l'étude des troubles de la parole consécutifs à la variole.*

Je ne dois pas non plus oublier d'indiquer ici que les abcès superficiels et profonds ont été assez fréquents chez les varioleux après la période de suppuration. Il me serait impossible de donner des chiffres à cet égard ; néanmoins il est quelques faits que l'observation m'a révélés et sur lesquels, Messieurs, je vous demande la permission d'insister. La première remarque que j'ai faite est la suivante, à savoir que le traitement de la variole par les corps gras, antiseptiques ou non, favorisait l'éclosion des abcès ; convaincu à priori qu'enduire la face et les mains de vaseline boriquée ou d'un tissu imperméable tel que le collodion, c'était préparer une véritable cellule à culture pour les microorganismes pyogènes contenus dans les pustules, j'ai supprimé ce moyen thérapeutique, et je n'ai plus vu se produire sur la face ou sur les mains les abcès dont chaque varioleux un peu gravement atteint était auparavant presque nécessairement porteur.

Mais il est une seconde remarque, qui a une non moins grande importance pour éviter cette infection secondaire à la variole. A plusieurs reprises je me suis aperçu qu'il y avait parmi les convalescents de variole de véritables petites épidémies de furoncles ou d'abcès et que ces abcès contenaient du reste le même agent infectieux, le staphylocoque ; lorsque l'on faisait désinfecter la salle dans laquelle se montrait cette épidémie, le nombre des malades atteints cessait de s'accroître et le bistouri ne devait plus intervenir aussi fréquemment pour ouvrir ces abcès ; la relation entre l'asepsie ou l'antisepsie de la salle ou de la literie et la multiplicité des abcès était donc évidente ; aussi dans les derniers mois désinfectait-on, aussi fréquemment que le nombre des varioleux le permettait, les salles qui avaient abrité les malades, et les matelas ainsi que les lits dans lesquels ils avaient couché. Grâce à ces deux moyens, suppression des topiques gras et désinfection fréquente du local et des literies, les abcès

---

(1) COMBEMALE. — in *Archives générales de Médecine*, mai 1892.

ont cessé d'exister au nombre des complications de la variole dans l'ambulance dont la direction m'avait été confiée.

L'influence que la variole a sur les organes de la génération a une importance telle que je ne négligerai pas d'indiquer ici ce qu'elle a été. En ce qui concerne la menstruation, les époques d'apparition des règles ont été fort troublées, l'écoulement paraissant quelquefois avant, plus rarement après la date prévue, mais se montrant constamment au moment de l'éruption variolique et coïncidant avec un redoublement de rachialgie ; l'abondance en a parfois été telle que chez trois femmes il a fallu intervenir pour tarir cette hémorrhagie ; fait à remarquer, le rapport entre l'intensité de l'atteinte variolique et l'intensité du trouble apporté à la menstruation était très net : plus l'éruption était discrète, et moindre était la perturbation dans la date de la venue et l'intensité du phénomène ; au contraire, de deux femmes qui moururent, l'une avait eu une métrorrhagie incoercible, l'autre avait vu ses règles avancer de dix jours.

Pour ce qui est de la grossesse, sur six femmes entrées enceintes deux seulement n'ont pas avorté ; elles n'étaient grosses que de cinq mois et leur variole ne fut pas grave. Quant aux quatre autres, c'est au moment de l'éruption variolique qu'elles ont fait leur avortement ou leur accouchement prématuré ; un seul des fœtus, venu du reste à 8 mois 1/2, était vivant. Trois des femmes sont mortes pendant la période de pustulation, la quatrième, qui avait avorté à 2 mois 1/2, survécut à la métrorrhagie qui avait suivi.

Quant à la secrétion lactée, elle fut tarie, pendant les prodromes de la variole, chez les cinq nourrices qui ont été observées, mais chez deux seulement le lait reparut, une fois la fièvre tombée ; l'allaitement ne durait chez elles, à la vérité, que depuis deux à six mois.

Ces faits seraient susceptibles d'une explication, mais je perdrais de vue le but de ce rapport qui, s'il doit renseigner, ne doit que peu enseigner.

Telles sont, Messieurs, les quelques particularités cliniques que j'ai relevées au cours de l'épidémie de variole de 1891-1892. Si, comme je le disais plus haut, cette épidémie manque de caractéristique, s'il n'y a pas de rubrique clinique ou administrative qui lui soit applicable, elle s'est, comme toute maladie virulente qui frappe un grand nombre de personnes à la fois, présentée sous des aspects multiples ; l'infection a bien été la même pour tous, à des degrés d'intensité différents toutefois, mais il lui a manqué le génie épidémique, l'uniformité de localisation, l'uniformité de complications due à la concomitance d'une autre affection ; il devait en être ainsi, puisqu'elle a sévi aux époques les plus différentes de l'année.

Au reste, pour étayer cette opinion, il reste à connaître quelle a été la mortalité parmi les 319 cas observés à l'ambulance.

Le chiffre global des décès parmi nos varioleux a été de 46, soit 14,2 %. Mais à notre avis il faut faire une distinction, car ce chiffre de 14,2 % indiquerait une épidémie assez meurtrière.

En descendant dans le détail, on s'aperçoit en effet que ce chiffre n'est relativement élevé que parce que la mortalité a été surtout marquée chez les enfants. Sur 81 enfants varioleux, en effet, il y eu 24 décès, soit 29,62 %, c'est-à-dire près du tiers des cas, alors que chez les adultes hommes c'est seulement 11 morts pour 117 infectés, soit 9,4 %, et que chez les adultes femmes la proportion est à peu près la même, 9,17 %, avec 11 décès sur 121 cas. Avec la correction que la variole a surtout frappé avec sévérité chez les enfants, on peut donc dire que l'épidémie n'a été ni plus ni moins meurtrière que les épidémies de variole ordinaires.

Les causes directes de la mort viennent encore corroborer ce que j'ai déjà énoncé sur cette épidémie, à savoir qu'elle n'a pas de caractéristique : la bronchopneumonie a, en effet, emporté sept varioleux, six ont succombé à la forme hémorrhagique, neuf à la suppuration prolongée, quatre à l'asphyxie par confluence et suppression consécutive de la fonction cutanée, trois à des accidents méningés, un à un œdème aigu de la glotte, un à une métrorrhagie incoercible, un à une myocardite ; quant aux douze autres, nous n'avons pu retrouver l'indication de la cause directe de leur mort.

Je ne saurai donc trop le répéter, l'épidémie de variole n'a été influencée dans aucun de ses grands caractères ; elle a revêtu toutes les formes, elle a eu ses complications sur les divers organes, elle a présenté des accidents multiples ; il serait difficile de la faire entrer dans un cadre arrêté à l'avance. Elle est atypique sous ce dernier rapport, et il semble qu'on ne saurait mieux s'en faire une idée qu'à lire la description de la variole dans l'un des ouvrages classiques de médecine.

Quant à la question de savoir si l'apparition d'une épidémie de variole est à craindre dans un bref délai, à Lille, la question est trop complexe et est tellement liée à l'exécution des avis et réglements du Conseil d'hygiène que je ne veux pas tenter de la résoudre.

Ce qu'il serait plus malaisé encore de prévoir, ce serait de dire si au point de vue clinique, la prochaine ou les prochaines épidémies de variole présenteront le même aspect, se jugeront de la même façon. Il est impossible de le faire, la constitution médicale de l'avenir et le retentissement de cette constitution médicale sur la forme ou la gravité de la variole, nous étant inconnus. On peut affirmer néanmoins que l'alcoolisation progressive de la population ouvrière et la déchéance vitale qui en est le résultat inévitable, fatal sont pour la gravité des épidémies à venir des facteurs capitaux et certains.

Pour me résumer, Messieurs, j'affirmerai : 1° que l'épidémie de variole de 1891-1892 n'a pas revêtu de caractères spéciaux, qui permettent de la distinguer de beaucoup d'autres et de la comprendre parmi les épidémies meurtrières ou les épidémies à forme grave, hémorrhagique par exemple : des accidents et des complications du côté des voies respiratoires, des cas avec hémorrhagies intrapustuleuses, avec purpura ou avec métrorrhagies, des manifestations délirantes ou plus nettement méningées, oculaires et auriculaires, des rash généralisés ont bien été observés, mais ils ne s'en suit pas qu'ils se soient présentés avec une fréquence telle qu'ils doivent fournir la caractéristique à l'épidémie ; les questions des anomalies de localisation et de diagnostic différentiel à établir avec des maladies simulant la variole ne peut avoir d'intérêt que pour le médecin, et bien que je m'y sois complaisamment appesanti, elles ne sauraient apporter leur contribution pour caratériser l'épidémie au point de vue clinique. 2° Que la mortalité de 14 %, due surtout aux nombreux décès d'enfants, et ramené à 9 % à ne considérer que les adultes, n'est pas telle qu'elle donne de la gravité à l'épidémie en elle-même.

* *

Il me reste maintenant à vous indiquer le plus brièvement possible, Messieurs, quelle thérapeutique j'ai adoptée chez les varioleux pendant la phase médicale de leur maladie, de quelles précautions je me suis entouré avant que de leur laisser quitter l'ambulance ; mais je prendrai aussi la permission de vous signaler quelles mesures prophylactiques, facilement applicables, seraient efficaces pour éviter le retour de semblable épidémie.

La thérapeutique à laquelle j'ai accordé la préférence se réclame à la fois de l'hygiène et du traitement médicamenteux. Après une période de tâtonnements, pendant laquelle je me suis borné à donner des soins hygiéniques et à répondre aux indications thérapeutiques à mesure qu'elles se présentaient, mais au cours de laquelle j'ai minutieusement étudié les symptômes et cherché à concevoir les rapports qu'ils affectent avec l'essence de la maladie et leur importance réciproque, j'ai institué le traitement suivant, qui a été appliqué assez exactement pour que mon opinion sur sa valeur, fondée sur la statistique, soit certaine.

Dès que le varioleux, homme, femme ou enfant, était amené, qu'il fût à la période prodromique ou à la phase d'éruption, on le débarrassait de ses effets, que l'on dirigeait dans les quarante-huit heures sur l'étuve de désinfection qui fonctionne à l'hôpital Saint-Sauveur; on le couchait dans un lit de la salle le plus récemment désinfectée (la literie ne servait que le moins possible, deux ou plusieurs fois, sans être aussi passée à l'étuve); puis avec une tondeuse, souvent plongée dans l'eau bouillante, et à l'aide des ciseaux chez les femmes, on coupait ras les cheveux et on rasait la barbe; un brossage vigoureux, avec le savon noir et l'eau chaude, du crâne, de la face et des mains, était le complément indispensable de cette toilette. L'opération ci-dessus a parfois soulevé des protestations, surtout chez les quelques prostituées libres atteintes par l'épidémie, mais après s'être convaincues que le séjour à l'ambulance était sensiblement diminué par cette opération, et l'entraînement aidant, dans les derniers mois la chose était acceptée et se faisait sans encombre.

Le malade ainsi préparé, c'est-à-dire les régions où les pustules sont d'ordinaire le plus nombreuses étant désinfectées et dorénavant facilement désinfectables (nous croyons en effet fermement, que la purulence des vésicules est due bien plus à l'apport sur la peau de germes pyogènes, qu'à la nature même du virus varioleux), on s'occupait de lui. Plusieurs cas pouvaient se présenter :

1º *Les prodromes de la variole s'étaient manifestés et continuaient à se manifester; l'éruption n'était pas faite.* Dans ces cas, le malade prenait un bain chaud au sublimé (cette pratique n'a été généralisée que dans les quatre derniers mois du fonctionnement de l'ambulance); au sortir du bain, on lui administrait un ou plusieurs verres d'eau de Sedlitz jusqu'à purgation, avec une potion de Rivière ou au menthol au cas où le malade vomissait le purgatif. Cette antisepsie *grosso modo* de l'intestin était entretenue dans la suite par la prise journalière de 1 à 8 paquets de 50 centigrammes de salol, suivant l'âge, le sexe et la robustesse du malade.

Le malade, varioleux ou non, était de cette façon placé dès son arrivée en état d'antiseptie externe et interne; pour peu du reste que les prodromes ne parussent pas suffisamment probants, on procédait à la vaccination immédiate du malade. Cette conduite hygiénique m'a valu, à mon sens, de prévenir la confluence et de diminuer la purulence, par suite la gravité de certaines varioles. Une fois l'éruption faite, le traitement était celui que j'expose plus loin.

J'ai essayé, sur le conseil de l'un des maîtres de la Faculté, l'antipyrine prise chaque jour à la dose de 4 grammes pour retarder et empêcher même l'éclosion de l'éruption ; cinq de mes varioleux, pris à la phase prodromiques, ont réellement vu l'éruption apparaître tardivement, mais à mon avis elle a été ensuite ce qu'elle devait être ; au reste, sauf le remplacement du salol par l'antipyrine, rien n'était changé à ce traitement.

2° *L'éruption variolique s'est faite nettement, discrète ou abondante, mais récemment.* Le bain au sublimé était ici encore de mise, ainsi que le purgatif initial, mais avec cette distinction que tout le corps du patient était nettoyé à la brosse lorsqu'il y avait seulement des papules, et qu'il y avait simplement immersion lorsque la vésiculation existait. Essuyé, ramené dans son lit et soumis désormais au régime lacté (2-3 litres) et à la limonade vineuse (1-2 litres), le varioleux prenait de 2 à 4 grammes de salol par jour et était soumis à trois ou quatre pulvérisations éthérées de salol ou de sublimé chaque jour.

Ces pulvérisations préparées, celle de sublimé suivant la formule du docteur Talamon dédoublée (1) en raison de sa trop grande causticité, celle de salol avec le même véhicule et jusqu'à saturation, étaient effectuées à l'aide d'un pulvérisateur de Richardson qui projetait ces solutions à l'état de brouillard sur le visage et le cou, les muqueuses labiale, nasale et oculaire exceptées, ainsi que sur les mains et les avant-bras.

Redoutées du malade dès que je les instituai et mal vues par les entrants, elles furent bientôt tolérées et demandées en raison de la sensation de fraîcheur que donnait l'évaporation de l'éther ; chaque pulvérisation laissait sur la peau une couche de poussière faible pour le sublimé, beaucoup plus abondante pour le salol, que le malade recevait recommandation de ne pas enlever.

Sous l'influence de ces pulvérisations, la tuméfaction du visage m'a paru être moindre ; mais ce qui est de la plus grande netteté c'est l'avortement de la majeure partie des pustules : au lieu de se remplir de pus, puis de se rompre par une fente plus ou moins large et de donner lieu à des gouttelettes purulentes, étalées ou stalactiformes, la pustule se concrète sans se rompre, s'aplatit, prend l'aspect d'un petit rondelle de cuir, mieux d'un cor, et elle tombe arrondie, s'énucléant pour ainsi dire de la peau saine, dès le quatrième

---

(1) Voici mes formules : *a)* Sublimé corrosif ⎫ āā 0 gr. 50 *b)* Salol . . . 10 gr.
Acide citrique ⎭ Alcool à 90°. 5 gr.
Alcool à 90° . . 5 gr. Ether. . . 45 gr.
Ether sulfurique . 45

où le cinquième jour de l'éruption ; et il est même curieux de comparer les parties pulvérisées aux membres qui ne l'ont pas été ; là, peu ou pas de pus, ici des pustules vraies, influencées à vrai dire par l'antisepsie générale en ce sens qu'elles se kératinisaient comme les autres, mais bien plus lentement.

J'ai suffisamment expérimenté les pulvérisations de salol et de sublimé pour préférer ce dernier au premier. L'effet cherché est en effet mieux obtenu avec le sublimé, l'avortement des papules est parfait, bien plus constant, et de ce fait, on le comprend, les cicatrices sont en très petit nombre ; cet agent demande seulement a être prudemment manié ; le brouillard sublimé doit être suffisamment ténu pour ne pas ruisseler sur la peau et produire de la vésication, aussi faut-il promener le jet de pulvérisation assez rapidement sur le visage ; en une minute au maximum, visage, cou et mains doivent avoir reçu le dépôt sublimé pulvérulent.

Tous les cas simples ont été traités de cette façon ; les pulvérisations antiseptiques et l'antisepsie intestinale par le salol et un purgatif salin, si besoin était, ont du reste fait le fonds de mon traitement de la variole ; quant aux complications, j'indique plus loin comment je les ai combattues.

3° *La suppuration est survenue.* Je dois le dire dès l'abord, malgré que les cas de variole confluente aient atteint une proportion de 19 %, dans peu de cas seulement la suppuration a été telle qu'elle a exigé un traitement spécial.

Rarement en effet cette phase a été marquée au point que de nouvelles indications surgissent. Antisepsie *intus et extra* par le salol de préférence dans ce cas, en raison de l'action toxique que, appliqué sur une plaie absorbante, le sublimé aurait manifesté, telle était la règle. De plus on appliquait sur les croûtes des compresses d'eau boriquée saturée, pour les détacher rapidement et pousser à la cicatrisation.

Quant au pansement antiseptique de toutes les pustules à nu sur le corps et sur les membres, il était obtenu en versant 100 grammes environ de vinaigre de Pennès dans l'eau d'un grand bain. J'ai surtout eu recours à ce moyen pour les quelques enfants qu'en raison de la puanteur qu'ils exhalaient les parents se lassaient de garder chez eux ; plusieurs petits varioleux ont en effet été amenés dans un tel état, couverts de pus concrété et de cicatrices sanguinolentes, que l'on osait à peine s'en approcher ; après un ou plusieurs bains antiseptiques, si l'aspect n'était pas plus engageant, l'odeur exhalée et les petits clapiers purulents n'existaient plus, et l'on avait tenté un pas vers la guérison ; il faut ajouter que chez ces malheureux, condamnés d'avance, nous n'avons jamais obtenu la guérison : ils venaient mourir à l'ambulance. Chez les adultes, entrés en période de suppuration ou parvenus à cette période à raison de la confluence, la balnéation antiseptique a au contraire manifestement contribué à hâter la cicatrisation, à diminuer le temps de cette phase suppurative.

En même temps que l'on tentait de tarir la suppuration, j'essayais de remonter le varioleux par une nourriture choisie : au régime substantiel, surtout carné, quotidiennement préparé je faisais ajouter de deux à quatre cuillerées de peptone sèche délayée dans une ou deux tasses de bouillon ou un litre de lait ; je prescrivais aussi du vin restaurant.

Les phosphates, sous forme de sirop de Dussart, le fer sous forme d'eau d'Orezza ou de pilules d'iodure de fer, les excitants, tels que le quinquina, le café, la potion de Todd étaient aussi employés suivant les indications individuelles.

Tel a été, Messieurs, le traitement appliqué aux varioleux aux diverses phases de l'éruption. Vous avez remarqué qu'il est fondé sur les doctrines de l'antisepsie : antiseptiques *intus et extra* pour prévenir et combattre, non pas le virus de la variole (on ne le connaît pas), mais les complications usuelles, nécessaires a-t-on même prétendu, fréquentes en tous cas de cette maladie éruptive.

Il va de soi qu'un certain nombre de complications, portant sur le fonctionnement des organes atteints par la toxine varioleuse et résultant de sa localisation sur eux ou d'une infection secondaire, ont été traitées suivant les méthodes thérapeutiques ordinaires.

Les congestions pulmonaires éphémères que provoque une éruption trop confluente, et les bronchopneumonies des périodes d'éruption et de suppuration ont surtout été traitées par la potion de Todd, à 30, 45, 60 grammes de cognac par jour, et même quelquefois 90 grammes, pendant huit et quinze jours de suite.

Lorsque le cœur battait de façon désordonnée, que le pouls devenait faible et misérable au cours de l'éruption, j'employais la médication de DU CASTEL, qui consiste à faire prendre environ 4 grammes d'éther et 20 centigrammes d'extrait thébaïque dans la journée, pendant tout le temps que dure l'asthénie cardiaque ; pratiquement, c'était une potion dans laquelle entrait 100 grammes de sirop d'éther et jusqu'à 60 gouttes de laudanum que l'on employait. J'ai réussi, dans certains cas, à relever momentanément le cœur, exciter ses battements qui faiblissaient, et à faire franchir aux varioleux un passage difficile. Dans d'autres cas, au contraire, je n'ai pu éviter la mort subite, signe de myocardite, soit que je n'ai pas administré à temps le traitement éthéro-opiacé, soit qu'il soit réellement inefficace dans certains cas. Enfin, succédant à l'opium et l'éther, les remplaçant quelquefois même pendant l'éruption, il m'a fallu aussi avoir recours au café ou à la caféine, qui soutenaient admirablement le cœur.

Quant au délire, le chloral, à raison de 1 à 2 grammes, associé ou non au bromure de potassium, m'a rendu de grands services aux périodes d'éruption et de suppuration commençantes; cependant, si le varioleux était supposé alcoolisé, on donnait à sa place de l'opium qui, à raison de 5 ou 10 centigrammes d'extrait, calmait du premier coup le délire, qu'il fût violent ou doux, et le ramenait à des proportions de rêvasseries ou de somnolentes divagations. Les quelques phénomènes méningitiques qu'il m'a été donné d'observer, m'ont paru justiciables des mêmes agents calmants, et en y ajoutant l'antipyrine on aura, avec le chloral, le bromure, l'opium, la liste des médicaments que j'ai employés dans ces cas.

L'angine que j'ai signalée très fréquente au cours de l'épidémie, a été souvent, même lorsque par son intensité elle n'était pas menaçante, une occasion d'intervenir : dès qu'elle gênait la déglutition, dès que le malade, bien que sa gorge fût peu rouge, se plaignait avec insistance de douleur pharyngée, je donnais un gargarisme, averti que j'étais qu'une éruption laryngo-pharyngée peut tuer rapidement; constitué par une solution aqueuse saturée d'acide borique employée chaude, ce gargarisme, lors de douleur marquée, contenait quelques 5-10 centigrammes d'extrait d'opium. Le gargarisme borato-opiacé m'a paru remplacer avantageusement l'eau de Vichy fraîche, que recommandent les auteurs dans les cas d'éruption sur la muqueuse buccale.

Les conjonctivites, nées d'une pustule placée sur le rebord palpébral, ou amenées par transport du contenu d'une pustule, ont été traitées toutes de la même façon : dès que les conjonctives s'injectaient, on déposait de quatre à dix fois par jour dans le cul-de-sac conjonctival quelques gouttes d'un collyre aux sulfates de zinc et de cuivre; j'ai même, pendant une période d'un mois, dû généraliser à tous les cas cette pratique, car il était rare que la vascularisation de l'œil ne fut pas exagérée de façon à faire craindre la purulence consécutive. Si un petit flocon de pus se formait quand même, on touchait au crayon de nitrate d'argent, vigoureusement mais avec les précautions ordinaires, ou bien on se servait de la méthode de Crédé. J'estime que je dois à ces moyens de n'avoir vu se perdre qu'un seul œil sur plusieurs cas d'ophthalmie purulente, et encore cet accident doit-il être imputé à une intervention tardive: sous la paupière très œdématiée, le pus s'était collecté et avait fait son œuvre avant que l'attention fût attirée sur cette complication.

Sans cause connue, le plus souvent à la suite d'un premier bain chaud, de l'anasarque s'est montré chez quelques uns de mes varioleux entrant en convalescence, se desquamant en tous cas avec entrain; considérant cet anasarque comme sous la dépendance d'une imperméabilité rénale momentanée, j'ai dans ces cas eu recours au régime lacté, et je n'ai pas noté d'exemple que ces œdèmes n'aient pas cédé plus ou moins rapidement à ce moyen.

Quant aux collections purulentes qui si souvent au déclin de la variole se font dans les articulations, les plèvres, je les ai cherchées sans les découvrir ; aussi n'ai-je pas eu à intervenir chirugicalement ; je ne saurais en effet qualifier intervention chirurgicale l'ouverture au bistouri des abcès simples et rarement volumineux (un seul a présenté la forme anthracoïde) que par instants je faisais quotidiennement.

Il me reste à signaler à quels moyens j'ai fait appel dans certains cas anormaux, lorsque la variole sortait mal ou lorsqu'elle revêtait la forme hémorrhagique. La potion classique de Delioux de Savignac à l'acétate d'ammoniaque (8-15 grammes) associé à l'éther m'a rendu les services qu'on est en droit d'en attendre, quand il s'agit de favoriser un effort éruptif vers le tégument cutané ; dans plusieurs cas où l'éruption tardait et dans lesquels des symptômes nerveux imminaient, cette potion a fait merveille, et je crois qu'on ne peut rien trouver de mieux.

Dans les cas de variole hémorrhagique, et j'ai dit que cinq malades présentaient cette forme sans controverse possible, je n'ai pu me servir que des excitants diffusibles et des toniques que contenait la petite pharmacie provisoire installée à l'ambulance. Ni l'oxygène, qui inhalé eût pu permettre de prolonger la lutte qui se passait dans le sang, de retarder l'asphyxie, ni les bains froids qui eussent été indiqués pour combattre les troubles nerveux ataxo-adynamiques survenus, n'étaient possibles : les ballons d'oxygène ne sont malheureusement pas si communément employés dans les hôpitaux de Lille qu'on en ait constamment et en quantité suffisante à sa disposition ; pour ce qui est des bains froids, la disposition des locaux rendait cette tentative thérapeutique plutôt nuisible qu'utile. Aussi, les varioleux de cette catégorie furent-ils soignés comme des confluents.

Telle est la façon dont j'ai traité et mes varioleux et les complications qu'ils ont présentées. Avant que de leur laisser quitter l'ambulance, j'exigeais d'eux toute une série de mesures de propreté, auxquelles ils n'étaient certes pas habitués, et que je désire exposer pour vous permettre, Messieurs, de juger avec quelle appréhension je les rendais à la vie publique. Que la variole eût évolué simplement ou qu'elle se fût accompagnée de complications, j'avais fixé à cinq le nombre minimum de bains alcalins, savonneux ou antiseptiques qu'il fallait prendre avant que d'avoir son exeat signé. (Je note en passant que c'est au moins quinze cents bains qui ont été ainsi donnés). La consigne était si bien connue et si bien observée que quelques ouvriers faiblement atteints demandaient à prendre jusqu'à deux et trois bains par jour pour quitter plus vite l'ambulance.

Ces bains n'étaient du reste pas reconnus suffisamment purificateurs tant que les squames n'étaient pas toutes tombées, que la peau n'était pas nette, les cheveux sans pellicules, la plante des pieds et la paume des mains débarrassées par transfixion au moyen d'une épingle, lavage et brossage de ces hémorrhagies lenticulaires concrétées sous-épidermiques qui, si souvent, constituent la pustule variolique en ces régions. En un mot, mes varioleux sortaient dans le plus grand état de propreté.

Au jour et à l'heure fixés pour leur sortie, les varioleux prenaient un dernier bain, revêtaient leurs effets personnels, désinfectés à l'étuve Geneste et Herscher durant leur séjour à l'ambulance, et étaient remis à leurs parents sans repasser par les salles.

Un seul varioleux, ne voulant pas se soumettre à mes exigences antiseptiques, s'évada une nuit de l'ambulance. Quant aux autres, il m'est agréable de dire que je n'ai trouvé que peu ou pas de résistance pour ce complément de traitement.

C'est en laissant l'antisepsie présider à tous mes actes thérapeutiques, en désinfectant d'abord l'économie du malade des germes étrangers, en le débarrassant de ceux que la maladie avait apportés au niveau de son tégument cutané, en lui rendant des vêtements aseptisés, bien plus qu'en soignant la maladie au moyen d'agents médicamenteux complexes ou spécifiques que je crois avoir fait œuvre utile.

La variole est en effet, à mon avis, une maladie à évolution cyclique, jusques et non compris la période de suppuration; celle-ci peut ne pas exister, et cependant la maladie a été une variole; on lui réserve cliniquement le nom de varioloïde. Sur les premières phases de la variole, aucun traitement n'est susceptible d'agir pour en empêcher la succession, en diminuer l'intensité, en enrayer l'évolution en un mot; on peut au contraire favoriser l'extériorisation de l'exanthème, témoin la potion de Delioux de Savignac, c'est-à-dire hâter la succession de ces phases. Pour ce qui est de la phase de suppuration, la nature nous donne spontanément l'exemple qu'elle peut ne pas exister; aussi tous les efforts du médecin doivent tendre à imiter la nature en cette occurence, c'est-à-dire à faire avorter la suppuration qui apparait désormais comme une phase contingente de la maladie variole. Supprimer, ou du moins diminuer la virulence des agents pyogènes ordinaires que contient la pustule suppurante et qui l'ont envahie par la voie sanguine ou par la voie cutanée, tel est donc le but; le moyen c'est l'antisepsie interne et externe. Telle est la raison du traitement antiseptique de la variole, telle est la raison des succès dont je lui suis redevable.

Ces succès, il faut bien le dire, ne sont peut-être pas très apparents, et en calculant que 14 % de mes varioleux, soit 1 sur 7, sont morts, on pourrait me trouver très optimiste. Mais les statistiques de mortalité n'ont pas, dans les questions de thérapeutique, surtout quand il s'agit d'épidémies, la valeur qu'on leur accorde aveuglément en bien des circonstances.

La durée moyenne de séjour des varioleux, les durées maxima et minima ont, à mon avis, bien plus d'importance. Voici à ce propos quelques chiffres avec leur brutalité :

81 enfants ont compté pour	1,305 journées d'hôpital,	soit 14 jours 8 par enfant.
117 hommes »	1,620	»	soit 13 jours 9 par homme.
121 femmes »	1,833	»	soit 15 jours 2 par femme.
319 varioleux »	4,758	»	soit 14 jours 6 en moyenne.

Dans ce calcul comptent les 46 morts; si l'on supprime du chiffre total de 4,758. les 326 journées d'hôpitaux que représentent ces 46 décès, on voit que la moyenne s'élève un peu, mais atteint néanmoins à peine 17 jours.

D'autre part je relève dans mes notes qu'avec le traitement, tel qu'il avait été inauguré au début du fonctionnement de l'ambulance et tel qu'il a été ordonné plus tard lorsque le service n'a plus été entre nos mains, c'est 37 et même 46 et 58 jours que les malades pouvaient rester à l'ambulance avant d'avoir leur exeat signé. Or, ces chiffres extrêmes je ne les ai jamais atteints : 21, 23, et 27 jours sont les chiffres maxima, une fois qu'à fonctionné mon traitement antiseptique, et encore faut-il comprendre parmi eux les cas d'abcès multipliés dont je désirais tenir la source avant le départ du porteur, le cas d'un érysipèle à répétition très grave, ceux d'ulcères, d'impetigos antérieurs que je préférais ne pas laisser se perpétuer grâce à l'imprévoyance de parents peu soigneux de leurs enfants ou à l'insouciance septique du porteur. Cette durée maximum de séjour est du reste constatée aussi bien chez les enfants que chez les adultes; elle a donc par cela même plus de valeur.

Quant à la durée minimum, j'ai pu l'abaisser dans certains cas chez l'adulte à trois jours pleins, chez l'enfant à six jours. Il va de soi qu'il s'agit dans ce cas de faits extrêmement bénins.

Il n'est pas possible, ce me semble, de donner pour juger la valeur du traitement antiseptique de la variole de meilleures références ; abaisser à 27 jours dans les cas les plus graves la durée du séjour à l'hôpital, aucune méthode n'a pu jusqu'ici parvenir à faire cela.

Si j'ai tant tenu, Messieurs, à vous présenter les résultats que la méthode antiseptique m'a donnés, c'est que vous devez être touché par cet argument dernier : la Commission des Hospices a dépensé 16,000 francs environ pour répondre aux exigences de cette épidémie, ce qui met la journée d'hôpital à 3 francs 40 environ. Si le traitement que j'ai institué chez les varioleux diminue d'un tiers, d'un quart seulement les journées de présence de chaque individu, c'est au bas mot une économie de cinq à huit mille francs que je démontre vous avoir fait faire sur le patrimoine des pauvres. Au point de vue administratif, cette partie de ce rapport a donc une réelle importance et je me devais de ne pas négliger de vous faire part de ma tentative.

J'ai cru, Messieurs, que mon rôle, durant l'épidémie pour laquelle la Faculté de médecine m'avait délégué à la direction de l'ambulance, n'était pas de me borner à soigner les varioleux contagionnés, mais que je devais chercher, en étudiant les conditions et le mécanisme le plus fréquent de la contagion, à diminuer les chances de l'infection pour tous et pour chacun. La prophylaxie de la variole, à vrai dire, m'a moins préoccupé que le traitement proprement dit ; néanmoins mes réflexions et mes constatations m'ont suggéré quelques propositions de prophylaxie que je demande la permission de vous soumettre, persuadé qu'après les avoir appréciées vous saurez mieux que moi trouver la voie diplomatique, suivre le chemin administratif qui les fera écouter et, s'il y a lieu, accepter et même exécuter.

Le seul, le vrai moyen de combattre la variole, d'en prévenir les manifestations épidémiques, c'est la vaccination et la revaccination. Il n'y a rien qui, en principe, n'ait été dit sur la nécessité de la vaccination et de la revaccination, et je n'aurai rien à y ajouter (1). Néanmoins, des chiffres sont toujours des chiffres, et de ceux que je vais fournir il sera possible de tirer des déductions utiles.

Sur un peu plus des deux tiers des malades qui ont été admis à l'ambulance, sur 236 varioleux, j'ai pu recueillir des renseignements, qui figurent

---

(1) Je n'ai du reste qu'à rappeler ce qui se passe actuellement à Leicester (Angleterre). Une ligue antivaccinale a réussi à détruire dans l'esprit de la population l'idée de la nécessité de l'immunisation variolique ; depuis plusieurs années les habitants de ce comté ne se faisaient plus vacciner ; la réponse à cette imprudence ne s'est pas fait attendre : depuis deux et plusieurs mois une épidémie de variole terrible sévit sur cette ville. Ce fait a la valeur d'une expérience de laboratoire, à mon avis.

dans leurs observations, relativement à leur état de réceptivité vis-à-vis de la variole. En compulsant et catégorisant ces 236 cas, je me suis aperçu que :

161 avaient été vaccinés une seule fois dans la 1re enfance, c'est-à-dire 68,6 %
8 avaient été vaccinés récemment (1-3 ans) ou très récemment . . 3,4 %
14 avaient été revaccinés à des dates diverses . . . . 5,9 %
52 ne portaient pas de cicatrices . . . . 22 %

Ces chiffres auront leur éloquence : ils montrent que dans la population qui fréquente les hôpitaux, il y a jusqu'à un entrant sur cinq qui n'a jamais été vacciné, et aussi qu'un adulte sur quinze traverse la vie sans se faire vacciner; d'autres calculs, que je ne puis exposer ici en entier, démontrent enfin qu'un seulement, sur quinze entrants environ, s'est fait revacciner. Cela plaiderait suffisamment, ce me semble, en faveur de la vaccination et de la revaccination obligatoires, à se placer à un point de vue général.

Dans l'étude particulière qui nous occupe, tous ces chiffres viennent soutenir l'opinion que tous les varioleux atteints étaient en imminence morbide : un bon cinquième n'avait jamais été vacciné; d'autre part plus des trois quarts avaient bien été vaccinés, mais le bénéfice de cette immunisation était perdu depuis longtemps, et l'épidémie a frappé sur eux presque comme sur un terrain vierge; un quinzième à peine s'était fait revacciner, mais depuis trop de temps pour que cette sauvegarde ne fût pas devenue illusoire; enfin un trentième environ était récemment vacciné, trop récemment même, car l'évolution de la vaccine et de la variole a été, dans la plupart de ces cas, contemporaine. Chez tous donc l'organisme, loin d'être réfractaire, était préparé à l'éclosion de la variole : les mesures de précaution étaient de dates trop récente ou trop ancienne.

La conclusion à en tirer c'est que, sur la population en question, la vaccine avait épuisé ses effets préservateurs, qu'à ce moment la revaccination en masse s'imposait.

Aussi, je n'aurai garde de manquer à ce devoir de tout médecin, de demander aux autorités compétentes l'obligation de la revaccination, j'aurai du reste l'honneur, dans cette revendication, d'être d'accord avec l'Académie de médecine qui, en 1891, a formulé si nettement son désir de voir cette proposition adoptée.

Mais, en attendant que les Chambres aient statué sur cette proposition, en aient fait un projet de loi, il convient de se préparer à la faire accepter, à l'appliquer par avance, sans secousse; et je crois, Messieurs, que la Commission des hospices possède un moyen de généraliser la vaccination et la revaccination dans le milieu ouvrier qui fréquente ses hôpitaux.

Certainement l'Institut vaccinal municipal de Lille procède hebdomadairement à de nombreuses vaccinations; mais, même en temps d'épidémie de variole, tous les sujets à immuniser ne sont pas dirigés ou attirés vers ce centre de vaccination, et beaucoup ne profitent pas du bienfaisant vaccin par insouciance, par ignorance, par oubli ou par peur même.

Vos hôpitaux, Messieurs, peuvent et devraient faire concurrence pour la diffusion de la lymphe antivariolique à l'établissement municipal. Pourquoi, par exemple, ne vaccineriez-vous pas sans exception tout malade qui se présente pour entrer dans vos salles? Pourquoi ne vaccinez-vous pas tous ceux qui viennent demander consultation à vos médecins et à vos chirurgiens? Vos externes, vos internes de garde pendant l'examen sommaire qu'ils font subir au patient auraient vite et bien fait que de pratiquer quelques scarifications pour l'inoculation vaccinale; les génisses vaccinifères de l'Institut, au besoin une génisse inoculée pour vous tous les mois vous fourniraient une réserve de vaccin pour ces opérations. Ce serait du même coup préparer ainsi les voies au législateur et offrir un exemple à suivre par d'autres pour l'avenir du bien des pauvres que vous administrez; au point de vue social enfin ce serait contribuer à augmenter la fortune nationale.

Votre budget de 1892 s'est en effet accru sur vos prévisions habituelles du fait de la variole d'une somme de 16,000 francs environ; en accordant pour cette mesure de vaccination que je vous propose le revenu calculé à 3 0/0 de cette somme, c'est 480 francs que vous dépenseriez par an; la somme est bien minime, si vous pouvez de ce fait supprimer dorénavant la variole et ses conséquences budgétaires de vos prévisions : plus de retour offensif de la variole, plus d'épidémies de cette horrible et longue maladie; c'est ce que vous pouvez faire en employant utilement 480 francs de votre budget annuel à la vaccination faite par vous-même.

Et si vous songez que les 5,000 journées d'hôpital, en chiffres ronds, se transforment du même coup en 5,000 journées de travail, vous verrez quel capital de forces vous restituez ainsi à la région, à la France, à la société.

Pour assurer la revaccination encore plus nécessaire en temps d'épidémie, ces centres vaccinogènes tout exercés et prêts à fonctionner seraient du plus grand secours; en organisant sur le même modèle les dispensaires du Bureau de bienfaisance, on réaliserait en un minimum de temps très court, sur la population assistée de la ville, une revaccination utile et efficace.

En ce qui concerne l'Ambulance, instruit par l'expérience, j'ai tenté d'apporter mon concours à l'œuvre de la revaccination.

Deux fois par semaine pendant tout le temps qu'a duré l'épidémie, des séances spéciales de vaccination ont été ouvertes dans le local de la rue Racine, mais j'ai le regret d'ajouter que la pancarte annonçant les séances n'a pas attiré beaucoup de candidats à la vaccination ; cette indifférence me semble un argument de plus pour employer à sauver quelques vies humaines de la variole le moyen détourné que je vous propose. D'autre part, en dehors de ces séances quasi-officielles pour lesquelles vous m'avez donné votre approbation, je n'ai pas manqué de vacciner et revacciner quiconque se présentait à l'ambulance pour son service ou par curiosité ; je sais bien que quelques audacieux ont échappé à la contagion en même temps qu'à ma lancette, mais si mes ordres ont été parfois transgressé, j'ai fait profiter quelques personnes d'une revaccination, et je m'en félicite.

Au reste tout le personnel de l'Ambulance, infirmiers, infirmières, garçons de bains, sœurs, internes et moi-même étions vaccinés ; et nous avons même plusieurs fois procédé à l'inoculation, à la suite d'insuccès. C'était prêcher d'exemple.

Je n'aurai rien à vous dire, Messieurs, de l'installation matérielle de l'ambulance. Vous avez présidé à son aménagement en lits, couchettes, matelas, draps, linges et objets de pansement, effets d'habillement ; vous m'avez accordé une installation de quelques baignoires, et vous avez veillé vous-même à celle des cabinets d'aisance et de l'écoulement des eaux.

Je n'aurai rien à dire non plus de l'acceptation, pour ambulance de varioleux, d'un groupe scolaire non encore habité ; depuis l'expérience que M. Lucas Championnière a faite d'accepter pour service de chirurgie, après un simple badigeon à la chaux, les baraquements qui, à l'hôpital Saint Louis, avaient servi de pavillons d'isolement pour les varioleux, il n'y a plus à ergoter sur le danger problématique d'une école succédant à une ambulance. Cet emplacement pouvait être accepté comme un autre, à la condition de le désinfecter convenablement ensuite.

La seule critique juste, c'était la situation de cette ambulance au milieu d'une population ouvrière très dense. Si à ce moment on n'a pu pallier à cet inconvénient, les pavillons d'isolement pour maladies contagieuses que vous faites élever actuellement à côté de l'hôpital de la Charité, auront cet avantage de se trouver éloignés des centres populeux et réaliseront cette condition première de toute installation, de ne pas disséminer aux habitations qui sont sous le vent des germes volatils. Pour ce qui est de la variole, le transport, par l'air des germes est très hypothétique; mais ce qui est absolument certain, c'est la contagion par contact. Après avoir surpris un cas de transmission par mes infirmiers, je fis défense formelle à ceux-ci de quitter l'ambulance en habit de service sous aucun prétexte : je n'ai plus eu à me préoccuper depuis de contagion par cette voie. Si donc désormais on ouvre une nouvelle ambulance, on devra isoler aussi le personnel subalterne et diminuer les contacts, licites ou illicites, avec le dehors. La suppression des visites aux varioleux devra être un article du règlement; j'ai dû, en ce qui concerne l'ambulance, vous demander de renvoyer des infirmiers qui les toléraient ou qui, malgré ma défense, les favorisaient; la contamination était ainsi assurée par ceux-là même qui devaient l'empêcher. Malgré les prières, malgré les menaces des parents, j'ai formellement interdit toute visite; je donnais tous les renseignements qu'on me demandait, je n'ai jamais autorisé de voir un varioleux. Cette mesure, à mon avis, doit être une règle devant laquelle rien ne doit fléchir.

Je n'ajouterai qu'un mot relativement aux désinfections : la désinfection par l'air chaud des objets de literie était aussi fréquente que le nombre de ces objets mis à la disposition de la religieuse le permettait; la désinfection des murs, parquets, lits, chaises, tables par le sublimé, était aussi répétée que le voulait l'outillage des hospices. Mais ces opérations de désinfection ainsi que la balnéation, qui est d'un si grand secours dans les diverses phases de la variole, n'ont pas marché avec toute la célérité et toute l'harmonie désirables.

L'éloignement de l'étuve de désinfection et de la pompe à sublimé qui sont installées ou cantonnées à Saint-Sauveur, la disposition des locaux dans cette école de la rue Racine qui avait forcé d'affecter le premier étage aux malades, alors que tous les services de bains, lingerie, pharmacie, économat, dortoirs d'infirmiers étaient au rez-de-chaussée, c'étaient là tout autant de conditions peu favorables pour faciliter le service, le combat contre l'épidémie.

Baigner des varioleux aux diverses périodes, c'est diminuer les chances de transmission, hâter la cicatrisation, c'est donc un service de première utilité qu'il eut été désirable d'avoir à portée, de façon à donner des bains, même froids, à volonté, comme l'occasion s'en est présentée. Désinfecter les murs, parquets, lits, objets de pansement et pratiquer cette opération très souvent c'est chose indispensable pour éviter les épidémies d'infections secondaires : abcès, conjonctivites, bronchopneumies, érysipèles. Nous avons bien tenté au moyen d'un pulvérisateur à vapeur de produire ce résultat. Mais, si nous parvenions en combinant la pulvérisation à la ventilation à fenêtres largement ouvertes et à la balnéation antiseptique restreinte, à désodoriser les salles, nous n'avons pas conscience d'avoir, à proprement parler, désinfecté, c'est-à-dire privé des germes l'air et les murs des salles.

Une meilleure dispositions des locaux, l'établissement à demeure d'une étuve et de pompes à sublimé auraient répondu à tous ces desiderata. Je sais, Messieurs, que dans le nouveau service d'isolement vous avez paré à tout cela ; aussi ma critique n'a-t-elle pour but que de constater qu'il était matériellement impossible de faire autrement à l'Ambulance, et néanmoins des résultats sérieux, encourageants ont été obtenus qui ont servi d'exemple.

*
* *

Messieurs, je vous rends votre bien. Pendant six mois j'ai soigné vos malades varioleux : à les voir quotidiennement, à les observer dans les diverses phases de leur horrible maladie j'ai acquis une certaine connaissance de leur mal et de ce qu'il convient de faire pour les en débarrasser ; à étudier d'autre part les conditions qui ont amené cette épidémie, j'ai été confirmé dans mon opinion que semblables épidémies sont évitables par la vaccination et la revaccination ; estimant que les résultats thérapeutiques obtenus sont satisfaisants et que vacciner et revacciner sont au nombre des bienfaits sociaux que répand votre ministère, je vous ai exposé les premiers et proposé de répandre davantage les seconds.

C'est là le vrai but, Messieurs, de ce rapport auquel vous avez fait, manuscrit, un accueil si gracieux et si flatteur.

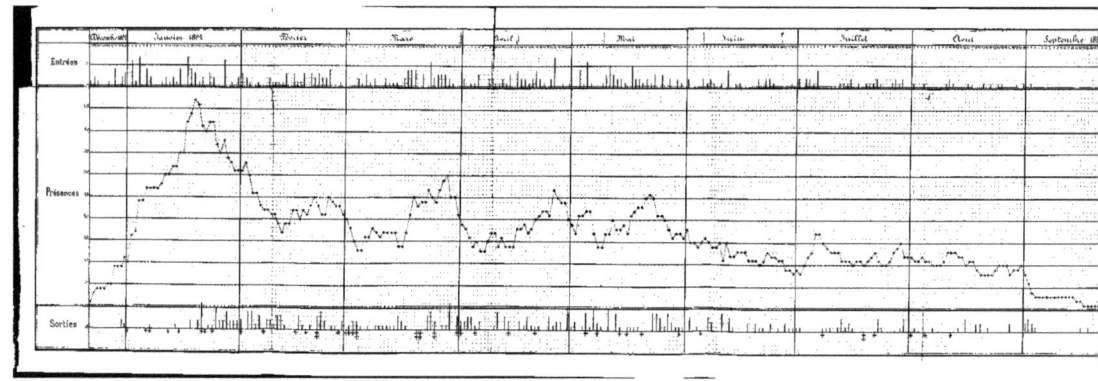

www.ingramcontent.com/pod-product-compliance
Lightning Source LLC
Chambersburg PA
CBHW060724050426
42451CB00010B/1618